Email Marketing
Dispara y Acierta

Nico Ciana

Prólogo

Los usuarios cada vez son más exigentes al momento de realizar una compra ya que investigan, analizan, comprueban y finalmente compran. No se trata de simplemente enviar emails masivos sino de hacerlo de la manera correcta para conseguir que nuestros emails sean abiertos y conseguir el objetivo planteado detrás de una campaña de email marketing.

Te invito a comenzar a cuidar a tus clientes, a ofrecerles ofertas reales de las cuales puedan beneficiarse, a conocerlos, a dirigirte a ellos de tu a tu... Te invito a crear tu primera campaña de email marketing efectiva...

¡Empecemos!

Nico Ciana

Índice

Con este libro aprenderás a:

- Entender los conceptos básicos del email marketing.
- Conseguir suscriptores para tu blog o web.
- Desarrollar una campaña de email marketing desde cero.
- Diseñar emails con alto porcentaje de aperturas.
- Medir los resultados de tus campañas.
- Persuadir a los usuarios para convertirlos en suscriptores.
- Tener muy claro lo que no debes hacer nunca.

¿Qué es el email marketing?

El email marketing es una de las estrategias de marketing online más utilizadas desde los comienzos de internet. Se basa en la distribución de contenidos o productos a través del medio de comunicación más popular en internet (el correo electrónico), todos los usuarios de internet cuentan con una cuenta de correo a diferencia de otros medios populares como (Facebook, linkedin, Google +, Youtube, etc.)
Por esta misma razón es muy importante que entiendas que tu objetivo principal será conseguir las cuentas de email de tus usuarios/clientes que visiten tu sitio web o blog.

Sistemas para Email Marketing

Para empezar olvida ya mismo la técnica de enviar emails desde tu cuenta de (Hotmail, Gmail, Microsoft Outlook o cualquier otro sistema que no tenga como finalidad el envió de email masivos). Las cuentas convencionales de correo electrónico no permiten hacer envíos masivos y si lo haces es muy factible que en poco tiempo tu cuenta sea bloqueada debido al uso indebido (SPAM). Para realizar envíos masivos de email existen diferentes plataformas que no solo están diseñadas íntegramente con ese fin sino que también cuentan con una gran cantidad de funciones para poder medir, desarrollar, personalizar y mejorar de manera continua nuestras campañas de email marketing.

¿Qué herramienta utilizaremos?

En este ebook nos centraremos en MailChimp una de las herramientas más utilizadas en la actualidad para crear campañas de email marketing.
Su éxito se debe a que es muy fácil de usar y que cuenta con la opción de crear una cuenta gratuita.
A diferencia de otras herramientas que he probado, MailChimp es más fácil, ya que esta orientada a un perfil de usuario básico sin dejar de ser una herramienta profesional.

Creación de la cuenta

Comienza creando una cuenta de MailChimp. Ingresa en www.mailchimp.com y haz clic en **SIGN UP FREE** para comenzar a crear tu cuenta.

Email

Completa el formulario con tu cuenta de correo un nombre de usuario y una contraseña y haz clic en **Create My Account** para finalizar.
Presta especial atención al crear la contraseña ya que debes cumplir algunos requisitos básicos.

Requisitos de la contraseña:

- Minúsculas
- Mayúsculas
- Un número
- Un carácter especial (@!/_?)
- 8 caracteres como mínimo

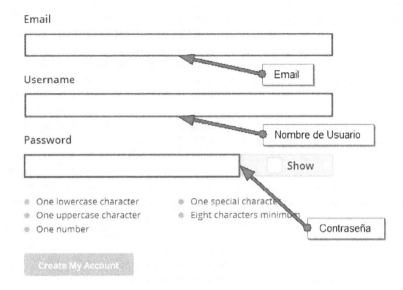

En breve recibirás un email para activar la cuenta creada.

Ingresa en tu cuenta de correo electrónico y veras un email con el asunto "Activate Your MailChimp Account". Abre el correo electrónico y haz clic en **Activate Account**.

Just one more step...

funtor

Click the big button below to activate your MailChimp account.

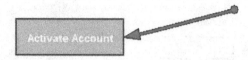

Confirma que eres humano completando el Captcha Code como lo muestra la siguiente imagen y haz clic en **Confirm Signup**.

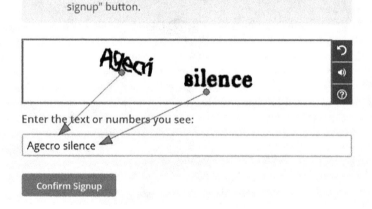

Completa el formulario con tu información personal

Let's Get Started

About You

First name

Last name

Nico

Ciana

Email address

hola@funtor.com

Your email address will remain private. Our privacy policy

Información sobre la empresa u organización

Organization Information

These questions will help us tailor MailChimp to you in the future.

About how many people are in your organization? (1)	About how old is your organization? (2)
1-5	< 1 year

Do you have a list of emails to import into MailChimp? (3)	Are you setting this up for a client? (4)
Yes	Yes

1. ¿Cuánta gente hay en tu organización?
2. ¿Cuánto tiempo lleva la organización?
3. ¿Tienes una lista de email para importar?
4. ¿Utilizarás esta cuenta para clientes?

Completa con la información de tu Empresa / Organización

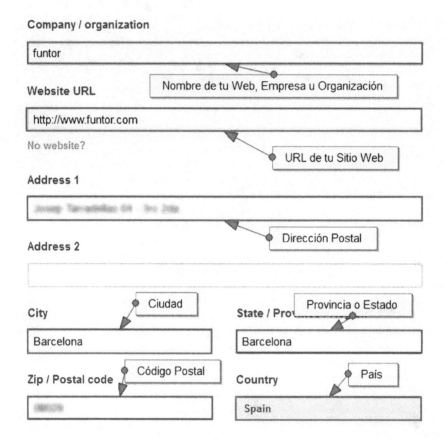

Define cual es tu actividad

Haz clic en **Please Specify** y selecciona alguna de las categorías.

Your industry

So we can show you how your campaign performance compares to similar companies/organizations.

Please specify ...

Selecciona la zona horaria

Es importante que selecciones la zona horaria correspondiente a tu país ya que si utilizas la programación de campañas la misma se basará en la zona horaria que selecciones.

Sube una imagen para tu perfil (no es obligatorio)

Por último MailChimp te pregunta si quieres suscribirte a su Newsletter con el que recibirás ayudas y tutoriales. (No es obligatorio)

Subscribe to MailChimp Getting Started Emails, a series of emails to help you transform from beginner to pro.

Ahora si para terminar haz clic en **Save And Get Started**.

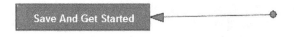

Ya puedes ingresar a tu cuenta de mailchimp con tu usuario y contraseña.

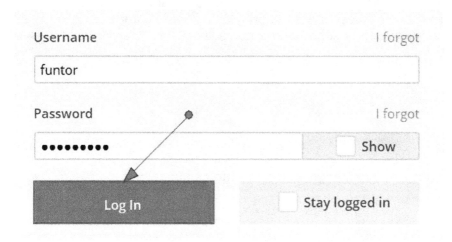

La primera vez que ingresas en mailchimp te pedirá que verifiques tu cuenta a través de un teléfono móvil.

Puedes saltar este paso haciendo clic en **I'll do this later** o en **I don't have one.**

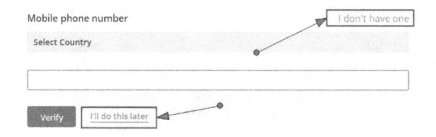

Las listas de suscriptores

La lista es el principio del email marketing ya que si no cuentas con una lista de suscriptores deberás generarla a partir de la captación de los mismos por diferentes medios.

Procesos de Suscripción

Existen 2 tipos de procesos de suscripción a una lista:
Opt-in: Consiste en que el usuario se suscribe a una lista
validación.

Opt- in Doble: Consiste en que el usuario es agregado a la lista
luego de confirmar a través de su correo electrónico que ha sido
el quien solicitó la suscripción.

"Por cuestiones legales es importante que la persona valide la
suscripción a tu lista a través de la confirmación vía email (opt-in
doble)"

Generar mi primera lista

Ingresa en Lists y haz clic en **Create List** para comenzar a crear
tu primera lista de suscriptores.

Completa el formulario con la información correspondiente a tu
primera lista.

List Name: Nombre de la lista (por ejemplo: Clientes)

Default "From" email: Email que figurará en los envíos de tus campañas.

Default "From" name: Nombre de quien hace el envío (por ejemplo: Nico)

Remind People how they got on your list: Recuérdale a la gente porque se suscribió a esta lista (por ejemplo: Estás en nuestra lista porque has proporcionado tus datos en nuestro sitio web)

Por último en Notifications selecciona con que periodicidad MailChimp te informará de nuevos suscriptores o bajas. Te recomiendo seleccionar **Daily Summary**. Para terminar haz clic en **Save**.

Notifications Sent to hola@funtor.com · Edit

☑ Daily summary
Summary of subscribe/unsubscribe activity

☐ One-by-one
Subscribe notifications as they happen

☐ One-by-one
Unsubscribe notifications as they happen

Una vez creada la lista el siguiente paso es hacerla crecer a través de la suscripción de nuevos seguidores.

Métodos de suscripción

Existen 3 métodos a través de los cuales podemos agregar nuevos suscriptores a tu lista.

1. Añadirlos de forma manual
2. Importarlo desde algún otro servicio (Google Contacts, listas de Excel u otros)
3. Suscripción a través de un formulario aplicado en tu sitio web o redes sociales.

Añadir un suscriptor de forma manual

Dirígete a **Lists**, selecciona la lista en la cual quieres añadir un nuevo suscriptor, haz clic en la flecha hacia abajo como lo indica la siguiente imagen y selecciona **manage suscribers**.

Ahora haz clic en **Add suscribers** y luego en **Add a suscriber**.

Se abrirá un formulario el cual deberás completar con la información correspondiente al nuevo suscriptor.

Email Address: Dirección de correo electrónico

First Name: Nombre

Last Name: Apellido

También deberás seleccionar la opción: **This persona gave me permission to be added to my list** (Significa que la persona que estas añadiendo te ha dado permiso para hacerlo).

Para terminar haz clic en **Suscribe** para añadir el nuevo suscriptor a tu lista.

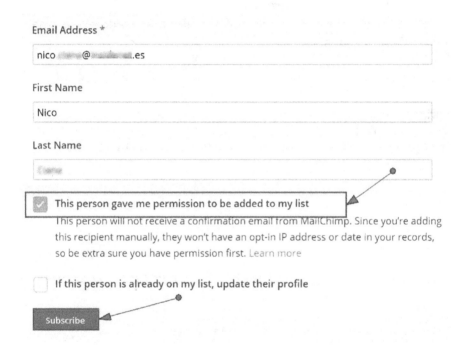

Importar suscriptores

MailChimp ofrece varios métodos para importar suscriptores como lo muestra la siguiente imagen. (Importar desde CSV, Copiar y pegar desde Excel, Salesforce, etc.)

Aquí veremos como importar suscriptores desde un archivo Excel de manera muy sencilla.

Para aumentar la tasa de apertura de tus envíos es muy importante que añadas el nombre de la persona en tus listas de correo.

Importar listas desde Excel

Para importar una lista de Excel debes crear un documento que contenga al menos 2 columnas (email y nombre) como lo muestra la siguiente imagen.

	A	B
1	pepe@hotmail.com	Pepe
2	jose@hotmail.com	Jose
3	laura@hotmail.com	Laura
4	juan@hotmail.com	Juan
5	nico@hotmail.com	Nico
6	maria@hotmail.com	Maria

Copia ambas columnas y dentro de mailchimp selecciona la opción de importación Copy and Paste from excel.

Ahora copia y pega tu lista y haz clic en **Import list**.

Copy/Paste from Excel · List too large? Upload file instead.

```
1  pepe@hotmail.com     Pepe
2  jose@hotmail.com     Jose
3  laura@hotmail.com    Laura
4  juan@hotmail.com     Juan
5  nico@hotmail.com     Nico
6  maria@hotmail.com    Maria
7  |
```

Por último deberás indicar a qué corresponde cada columna. Haz clic en **Edit** en la segunda columna y en el desplegable selecciona **First Name**, para finalizar haz clic en **Save** y luego en **Complete Import**.

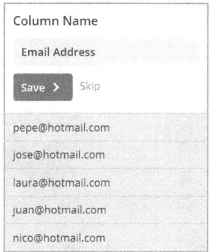 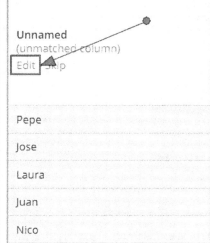

Como puedes ver estos nuevos suscriptores ya forman parte de tu lista.

Formularios de Suscripción

Los formularios de suscripción es el medio más utilizado en la actualidad para captar cuentas de correo.
Seguramente habrás visto imágenes como estas donde invitan a los usuarios a suscribirse a ofertas, descuentos, información, etc.

Tipos de formularios de suscripción

MailChimp ofrece 4 alternativas en lo que refiere a formularios de suscripción. El uso de uno u otro dependerá del sistema en que tienes creada tu web o el medio que utilizaras para captar suscriptores.

Ingresa en **List**, selecciona la lista en la que quieres crear un nuevo formulario, haz clic en el botón desplegable que está ubicado al lado de Stats y selecciona **Signup Forms**.

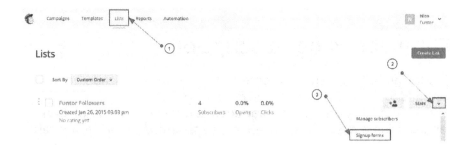

Aquí puedes visualizar las 4 alternativas para integrar formularios.

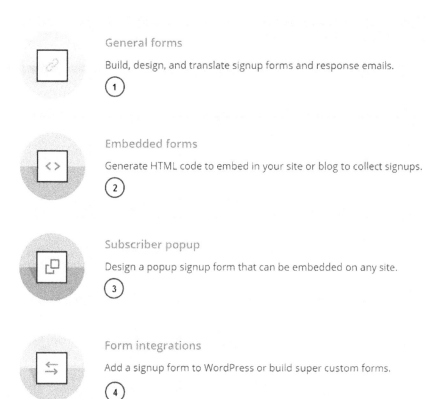

1. Creador de formularios.
2. Código HTML para inserción de formulario.
3. Formulario de suscripción en popup.
4. Integración de Formularios para WordPress y otros sistemas.

General Forms – Formularios Generales

Haz clic en **select** para ingresar a crear tu primer formulario.

Desplázate con el cursor hacia abajo para visualizar el formulario que mailchimp crea por defecto. El creador de formularios se divide en 2 zonas, la zona de previsualización y la zona de edición.

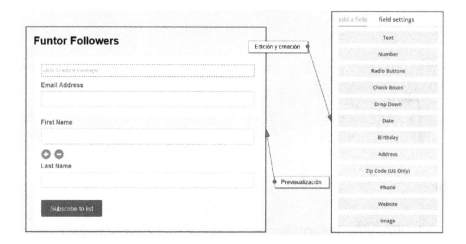

Podríamos identificar los componentes del formulario de la siguiente manera.

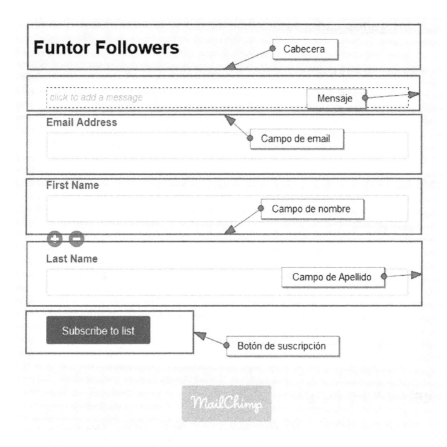

Edición de la cabecera y mensaje:

Posiciona el cursor sobre el elemento cabecera y haz clic en **edit** para modificar el contenido de la misma. También puedes integrar una imagen haciendo clic en **Use image**.

Edición de los campos:

Haz doble clic sobre alguno de los campos, verás que se modifica el color de fondo del mismo y sobre el lateral derecho aparecen las opciones de edición.

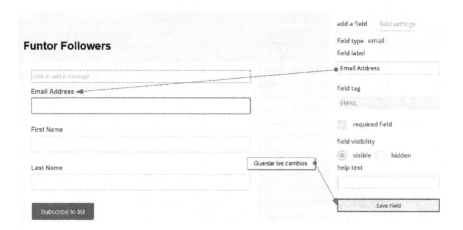

Eliminar un campo:

Es importante que no te excedas en la cantidad de datos que les pides a los usuarios ya que eso bajara las probabilidades de que completen el formulario.

En el formulario que viene predefinido se le pide el apellido (Last Name) para eliminar este campo haz clic sobre el mismo, selecciona el símbolo (-).

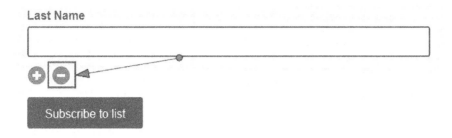

Se abrirá una nueva ventana en la que deberás escribir la palabra **DELETE** y hacer clic en **Delete Field** para terminar.

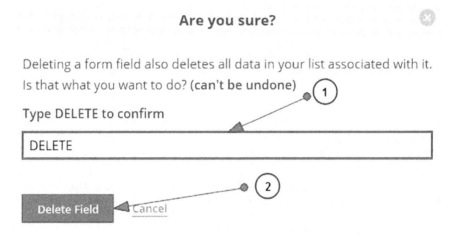

Traducción del formulario:

Por defecto el idioma del formulario es el inglés si quieres modificar esto debes dirigirte a la opción **Translate It** y selecciona el idioma de tu preferencia.

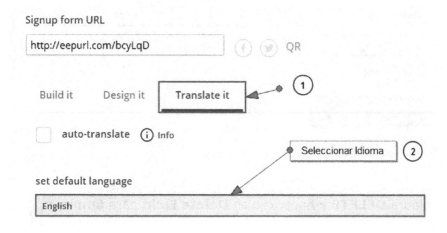

Recuerda guardar los cambios haciendo clic en **Save Translation Settings**.

Modificar el diseño del formulario:

Haz clic en la pestaña **Design it** para modificar el diseño (colores, tipografía, etc.) de tu formulario.

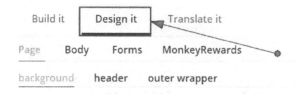

Una vez dentro de las opciones de diseño debes seleccionar cual de los componentes que integran el formulario deseas modificar:

- Page – Página del formulario.
- Body – Cuerpo del formulario.
- Form – Campos del formulario.

- Monkey Rewards – Logotipo de MailChimp.
- Background – Fondo.

- Header – Cabecera.
- Outer Wrapper – Fondo de la cabecera.

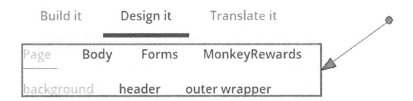

Cada uno de estos elementos contiene subelementos que puedes personalizar a tu gusto. A medida que vayas haciendo los cambios los mismos se verán reflejados en el formulario.

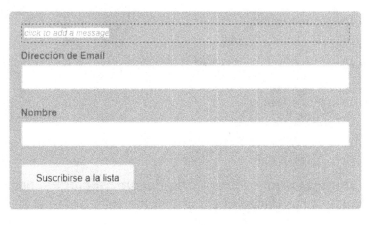

También puedes ver el resultado del mismo utilizando el enlace al formulario generado por mailchimp. Copia y pega el enlace en tu navegador para visualizar el formulario.

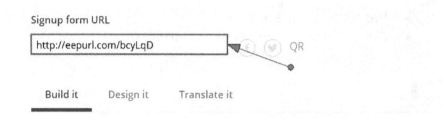

El proceso de suscripción

El usuario deberá seguir un proceso de suscripción antes de ser agregado a lista. Puedes visualizar las diferentes pantallas de este proceso haciendo clic en el desplegable **Forms and Response emails**.

Es posible modificar el diseño o texto de cada una de estas pantallas.

Create Forms

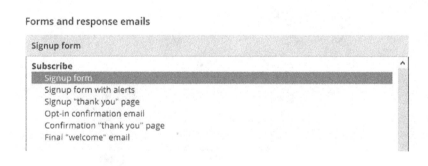

1. **Signup Form – Formulario de suscripción:** El usuario ingresa sus datos en el formulario y se suscribe a la lista.

2. **Signup Form With Alert – Formulario con alertas:** El usuario ha introducido mal algún dato y el formulario le

indica cual es el campo que falta introducir.

3. **Signup "Thank You" Page – Página de agradecimiento:** El usuario es redirigido a una página de agradecimiento.

4. **Opt-in Confirmation Email – Email de confirmación:** El usuario recibe un email solicitando que confirme su suscripción.

5. **Confirmation "Thank You" Page – Página de Agradecimiento:** El usuario es redirigido a una página donde se le indica que ha confirmado su suscripción de forma correcta.

6. **Final "Welcome" Email – Email de Bienvenida final:** El usuario recibe un email indicando que ya forma parte de las lista de suscriptores.

Formularios en HTML

Si tienes una web o blog creado a partir de código HTML, puedes generar el código en HTML de tu formulario para posteriormente insertarlo en tu sitio web.

Haz clic en **Embedded Form** para generar el código.

Al ingresar encontraras 4 tipos de formularios que puedes aplicar en tu web (Classic, Super Slim, Naked y Advance).

Embedded forms

Classic   Super Slim   Naked   Advanced

Podrás visualizar el diseño de cada uno de ellos dentro del apartado **Preview** y personalizar el título del formulario en **Form Options**.

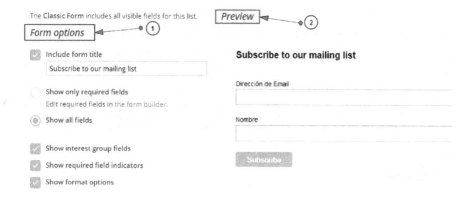

Debajo encontraras el código generado que debes copiar para insertar en tu sitio web.

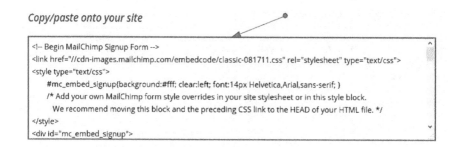

Si quieres modificar algunos de los textos del formulario (Dirección de Email, Nombre o el texto del botón de suscripción) solo tienes que buscar dentro del código y modificarlos.

```
    <label for="mce-EMAIL">Dirección de Email <span class="asterisk">*</span>
</label>
    <input type="email" value="" name="EMAIL" class="required email" id="mce-EMAIL">
</div>
<div class="mc-field-group">
    <label for="mce-FNAME">Nombre <label>
    <input type="text" value="" name="FNAME" class="" id="mce-FNAME">
</div>
    <div id="mce-responses" class="clear">
        <div class="response" id="mce-error-response" style="display:none"></div>
        <div class="response" id="mce-success-response" style="display:none"></div>
    </div>   <!-- real people should not fill this in and expect good things - do not remove this or risk form bot
signups-->
    <div style="position: absolute; left: -5000px;"><input type="text"
name="b_9ea21e8e923b25a00d21ff05f_e3b3b37a7e" tabindex="-1" value=""></div>
    <div class="clear"><input type="submit" value="Subscribe" name="subscribe" id="mc-embedded-subscribe"
class="button"></div>
```

Una vez modificado deberás copiar el código e insertarlo dentro del código de tu web entre las etiquetas <body></body>. Es recomendable que tengas conocimientos de HTML para esto.

Formulario POPUP de Suscripción

Los formularios de suscripción en formato popup resultan ser muy efectivos ya que captan la atención del usuario al momento de navegar por tu sitio web.

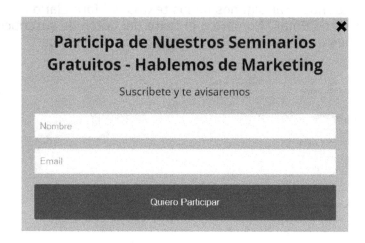

Haz clic en **Select** para comenzar a crear tu formulario en formato popup.

La pantalla del editor de popup se divide en 2 partes: la zona de previsualización y la zona de edición del formulario.

El área de edición está compuesta de 4 elementos (Diseño, Campos, Contenido y Configuración).

Diseño:

Selecciona el diseño de tu formulario popup, tipo de letra, color del texto, texto del botón, color del botón, fondo y alineación.

Fields:

Aquí seleccionarás los campos que se le solicitaran al usuario. También puedes seleccionar si los campos son obligatorios.

Contenido:

Genera el titular del popup. Genera un mensaje atractivo que invite a los usuarios a suscribirse a tu lista de suscriptores.

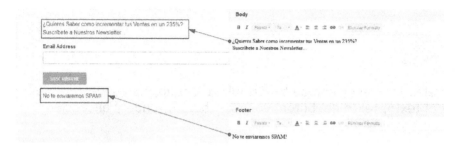

Settings:

Define el tiempo de aparición del popup en el desplegable Popup Delay y también define la opacidad del mismo en Overlay Opacity.

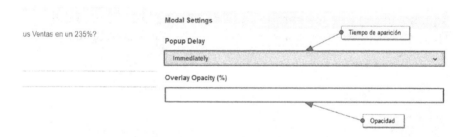

¿Quieres ver como queda tu popup? Dirígete al extremo superior derecho de tu pantalla y haz clic en **Preview Popup**.

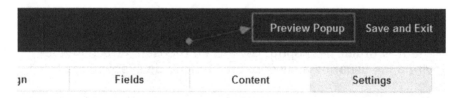

Una vez tengas listo tu popup haz clic en **Generate Code** y se abrirá una nueva ventana con el código del formulario.

Copy/paste onto your site

Any changes you make to your form after you embed the code to your site can be published directly from the editor.

```
<script type="text/javascript" src="//s3.amazonaws.com/downloads.mailchimp.com
/js/signup-forms/popup/embed.js" data-dojo-config="usePlainJson: true, isDebug: false">
</script><script type="text/javascript">require(["mojo/signup-forms/Loader"], function(L) {
L.start({"baseUrl":"mc.us10.list-
manage.com","uuid":"9ea21e8e923b25a00d21ff05f","lid":"e3b3b37a7e"}) })</script>
```

Close

Copia y pega el código antes de la etiqueta de cierre de tu </body> de tu sitio web y comprueba su funcionamiento.

```
            <div class="site-credit"><?php _e( 'Powered by ', 'graphy' ); ?><a href="<?php echo esc_url( __(
'http://wordpress.org/', 'graphy' ) ); ?>">WordPress</a> &amp;
            <a href="<?php echo esc_url( __( 'http://themegraphy.com/', 'graphy' ) ); ?>">Themegraphy</a></div>
        </div><!-- .site-info -->
    </footer><!-- #colophon -->
</div><!-- #page -->

<?php wp_footer(); ?>
<script type="text/javascript" src="//s3.amazonaws.com/downloads.mailchimp.com/js/signup-forms/popup/embed.js" data-dojo-
config="usePlainJson: true, isDebug: false"></script><script type="text/javascript">require(["mojo/signup-forms/Loader"],
function(L) { L.start({"baseUrl":"mc.us10.list-manage.com","uuid":"9ea21e8e923b25a00d21ff05f","lid":"e3b3b37a7e"}) })</script>
</body>
</html>
```

Código

Una vez que el popup este funcionando correctamente haz clic en **Publish** para guardar definitivamente este nuevo popup.

Integración de Formularios con WordPress y otros sistemas

Por último y creo poder decir que es el método más utilizado es la integración de mailchimp con los diferentes sistemas de gestión de contenido o redes sociales. Dirígete a **Form Integrations** y haz clic en **select**.

En este apartado podrás encontrar la información necesaria para integrar tus formularios de suscripción con diferentes sistemas.

Twitter: Red social de microblogging

Wufoo: Sistemas para crear formularios en línea

Squarespace: Sistema para crear sitios web

CoffeCup Form Builder: Sistema para crear formularios.

Integración con WordPress

Para la integración de mailchimp con WordPress puedes utilizar algunos plugins. Existen plugins de gratis y de pago.

Plugins gratuitos:

- MailChimp for WordPress
- MailChimp Forms by MailMunch
- MailChimp List Subscribe Form

Plugins Profesionales:

- Ninja Popups for WordPress
- MyMail – Email Newsletter Plugins for WordPress
- Chimpy – MailChimp WordPress Plugin

Generar un API

Para el correcto uso de estos plugins es posible que debas generar una API de mailChimp. Dirígete a tu nombre de cuenta de mailChimp ubicado en el extremo superior derecho de tu pantalla y haz clic en **Account**.

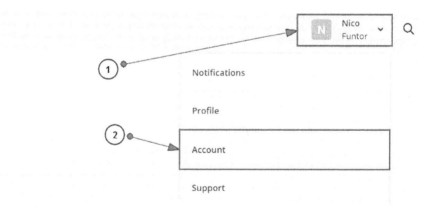

Una vez aquí dentro selecciona la opción **Extras – API KEYS**.

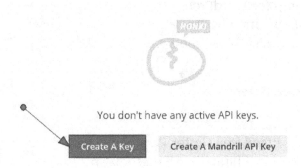

You don't have any active API keys.

Create A Key   Create A Mandrill API Key

Ya tienes creada tu API Key para la integración de MailChimp con WordPress.

Created	User	Label	API Key	QR Code	ⓘ Status
Feb 03, 2015 08:59 pm		none set	f18d83bd874981588c022df5cba91574-us	QR	Disable

Campañas

Si ya tienes creada tu lista de suscriptores es momento de crear tu primera campaña de email marketing.

¿Qué es una campaña?

Podríamos definir como campañas a los diferentes boletines (Newsletters) que enviaras a través de tu cuenta de mailchimp. Por ejemplo una tienda de ropa podría crear una campaña de invierno, verano, primavera, etc.

Objetivos de la campaña

Es muy importante que antes de comenzar a crear tu primera campaña definas cual será el objetivo de la misma para posteriormente poder hacer una valoración de la efectividad de la misma.

Una campaña puede tener uno o varios objetivos depende lo que se quiera conseguir.
Veamos un ejemplo que puede ayudar a entender como definir un objetivo.

Una tienda online desea promocionar su nueva colección de verano, utilizará su base de datos de suscriptores con el fin de conseguir aumentar las ventas de la tienda online durante ese periodo.

Aquí podemos entender que el principal objetivo de esta campaña es que los suscriptores se dirijan a la tienda online y realicen una compra. En este caso el objetivo de la campaña es la VENTA.

Creación de una Campaña

Ingresa en el apartado Campaigns y en el menú desplegable selecciona la opción **Regular Ol' Campaign**.

Selecciona la lista de suscriptores a la cual deseas enviarle esta campaña.

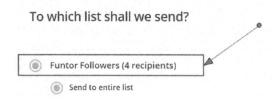

Al final de la página podrás visualizar cada uno de los pasos del proceso de creación de tu campaña. Haz clic en **Next** para continuar.

Completa la información referente a la campaña.

1. **Name Your Campaing** = Nombre de la campaña.

2. **Email Subject** = Asunto del email que recibirán los suscriptores.

3. **From Name** = Nombre del remitente del email.

4. **From Email Address** = Email del remitente.

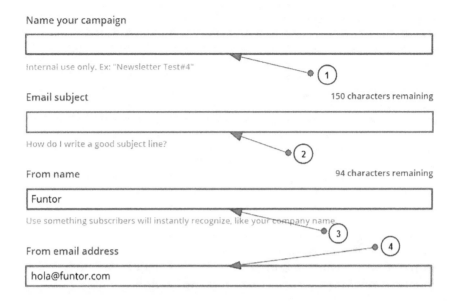

Recuerda comprobar que este seleccionada la opción: **Personalize The: "To:" Field**. Esta configuración hará que el email se envié de forma personalizada.

Para habilitar las estadísticas y seguimiento de tu campaña comprueba que estén marcadas las siguientes opciones.

1. Track Opens
2. Track Clicks
3. Track plain-text clicks

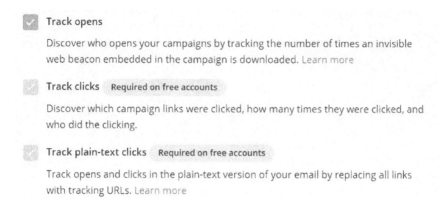

MailChimp también te ofrece la opción de auto publicar tu campaña en Twitter y Facebook. Para esto deberás habilitar las siguientes opciones y conectarte con las credenciales de tus cuentas de (Twitter y Facebook).

Haz clic en **Next** para continuar con la creación de tu campaña.

La elección de la plantilla

MailChimp te ofrece una gran variedad de plantillas prediseñadas para la creación de tus newsletters. Estas plantillas funcionan con Drag&Drop (arrastrar y soltar).

Selecciona una de las opciones haciendo clic en **Select**.

Una vez seleccionada la plantilla ingresaras en el creador de newsletter que se divide en 2 zonas: **zona previsualización y zona de edición.**

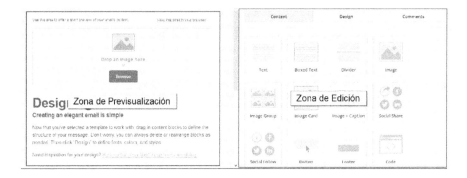

Edición de los elementos

Selecciona alguno de los componentes que se visualizan en la zona de previsualización y haz clic en el lápiz para editar.

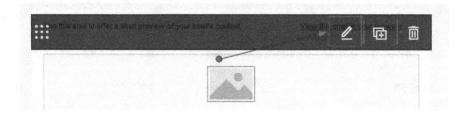

Al hacer clic en editar se habilitará el editor sobre el lado derecho de tu pantalla (zona de edición) la cual está dividida en 2 columnas.

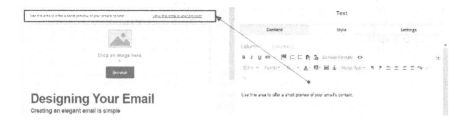

Realiza los cambios pertinentes y recuerda siempre salvar los mismos haciendo clic en **Save & Close**.

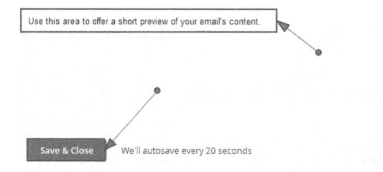

Añade una imagen de cabecera al newsletter seleccionando sobre el lado izquierdo el bloque "Drop an image Here" y haz clic en la opción editar.

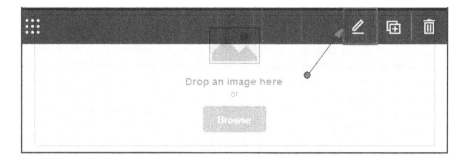

Sobre el lado izquierdo se habilitara la opción **Browse**.

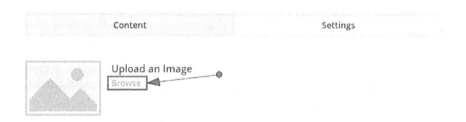

En esta nueva ventana selecciona la opción **Browse** para seleccionar una imagen desde tu ordenador.

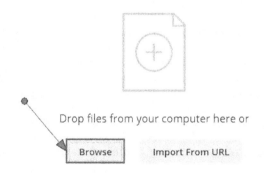

Siempre recuerda guardar los cambios haciendo clic en **Save & Close**.

Estilo de los elementos

Al seleccionar uno de los elementos de la zona de previsualización con el fin de editarlo podrás observar que en la zona de edición hay una pestaña que recibe el nombre de "**Style**" donde puedes encontrar opciones de diseño de dicho elemento.

Nota: No todos los elementos cuentan con la opción **Style**.

Configuración de los elementos

Al lado de la pestaña "Style" también encontrarás la pestaña "**Settings**" donde hay disponible opciones de configuración del elemento.

Añadir nuevos elementos

Aparte de los elementos que vienen predefinidos cuando seleccionas la plantilla puedes agregar nuevos elementos.
Sobre el lado derecho (zona de edición) podrás visualizar unos 13 elementos que puedes añadir a tu newsletter.

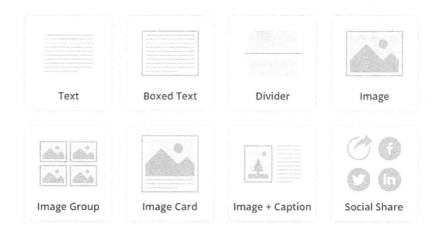

Solo tienes que hacer clic sobre algunos de los elementos y arrastrarlo hacia el lado izquierdo (zona de pre visualización). La zona celeste (Drop Block Here) muestra una de las tantas ubicaciones donde puedes colocar el nuevo elemento.

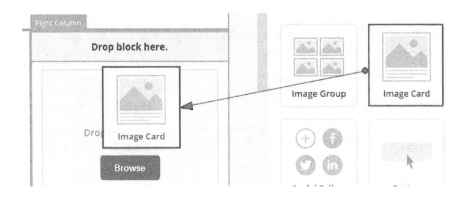

El pie de página del newsletter es obligatorio y no debes borrarlo. Muestra la información que has proporcionado al crear tu cuenta de mailchimp (Nombre de empresa, dirección, email, etc.).

Copyright © *|CURRENT_YEAR|* *|LIST:COMPANY|*, All rights reserved.
|IFNOT:ARCHIVE_PAGE| *|LIST:DESCRIPTION|*

Our mailing address is:
|HTML:LIST_ADDRESS_HTML| *|END:IF|*

unsubscribe from this list   update subscription preferences

|IF:REWARDS| *|HTML:REWARDS|* *|END:IF|*

Edición del Pie de Página

Como podrás ver hay información en el pie de página que esta en inglés. Para traducir estos campos selecciona el bloque de pie de página y haz clic en editar.

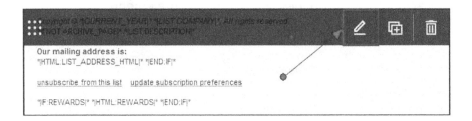

Encontrarás 2 enlaces que están en inglés que son para que el usuario se solicite la baja o actualice las preferencias de su suscripción.

- **Unsubscribe from this list** = Solicitar la baja
- **Update subscription preference** = Actualizar la suscripción

En el lado derecho de tu pantalla (zona de edición) podrás identificar estos 2 elementos, que se presentan en color azul ya que ambos cuentan con un enlace.

La manera correcta de modificar esto es hacer clic en símbolo código. Para abrir el mensaje en formato HTML.

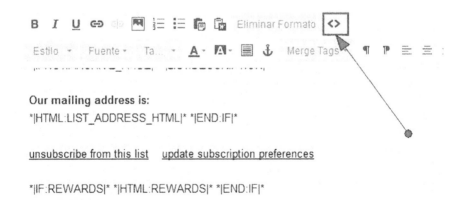

Identifica el texto dentro del código y modifícalo. Recuerda que solo debes modificar el texto plano, no borres nada de código HTML.

```
<strong>Our mailing address is:</strong><br />
*|HTML:LIST_ADDRESS_HTML|* *|END:IF|*<br />
<br />
<a class="utilityLink" href="*|UNSUB|*">unsubscribe from this list</a>    <a class=
ref="*|UPDATE_PROFILE|*">update subscription preferences</a> <br />
<br />
*|IF:REWARDS|* *|HTML:REWARDS|* *|END:IF|*
```

El envío

Email de Prueba

Antes de enviar tu primer newsletter es muy importante que compruebes que todo es correcto. Para eso dirígete a la opción **Preview And Test** y selecciona la opción **Send a Test Email**.

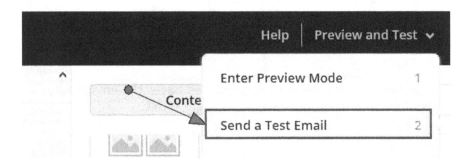

En la nueva venta añade tu dirección de correo y haz clic en **Send Test** para recibir una copia de tu newsletter en tu cuenta de email.

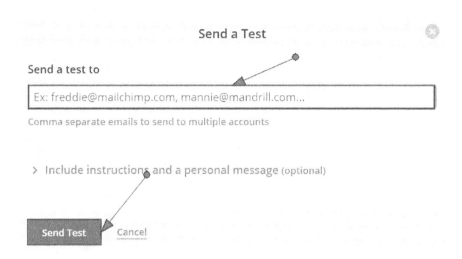

Abre el email en tu cuenta de correo y comprueba que todos los enlaces del mismo funcionen de manera correcta.

Enviar

Si ves que todo es correcto ya puedes realizar el envío del newsletter. Es importante que sepas que hay 2 opciones en lo que refiere al envío:

- Envío directo
- Envío Programado

Para enviar directamente haz clic en **NEXT**.

Mailchimp comprobará que tu newsletter no tenga ningún tipo de fallo. Es posible que encuentres algunas advertencias en color amarillo pero esto no impide el envío de tu campaña.

Las advertencias suelen ser consejos para la mejora de tu newsletter.

Ahora solo faltara que hagas clic en **Send** para realizar el envío.

Programación del envío

Programar un envío suele ser lo más común ya que hay determinados horarios y días que son los recomendados para realizar el envío de newsletter.
Si haces clic en **Schedule** se abrirán las opciones de programación.

Selecciona la fecha y hora del envío y recuerda hacer clic en **Schedule Campaign**. MailChimp enviara de forma automática el newsletter.

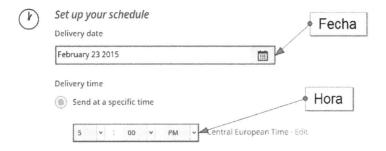

Reportes y Estadísticas

Es importante que siempre hagas un seguimiento a cada una de las campañas que has de ir enviando a tus suscriptores. Ingresa en el apartado **Reports** donde podrás ver toda la información de cada una de las campañas que has enviado.

Una vez dentro de reports podrás observar una estadística global de las campañas que has enviado.

Hay 2 factores importantes a los que debes prestar mucha atención (Open Rate y Click Rate).

Open Rate: Es el % de usuarios que han abierto el newsletter que has enviado.

Click Rate: Es el % de usuarios que han hecho clic dentro de algunos de los enlaces presentados en el newsletter.

Cada uno de los puntos que figuran en el gráfico representa las campañas que has enviado.

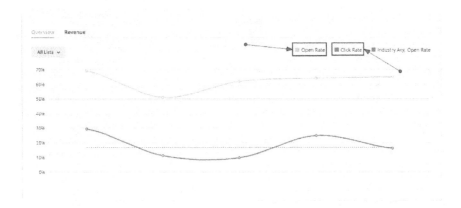

Debajo de este gráfico puedes observar la misma información presentada en forma de listado. Para visualizar el reporte completo de una campaña haz clic en **View Report**.

Una vez dentro del reporte podrás ver toda la información referente al mismo de forma organizada.
La primera parte del informe muestra la cantidad de suscriptores que han recibido el newsletter (Recipients), el nombre de la lista a la que se ha enviado dicho newsletter (List), el asunto del newsletter (Subjet) y fecha/hora del envío.

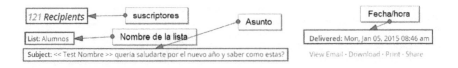

Debajo podrás observar el **Open Rate y el Click Rate** (Tasa de apertura y tasa de clics).

Open rate	64.1%	Click rate	24.8%
List average	56.6%	List average	16.8%
Industry average (Social Networks and Online Communities)	17.0%	Industry average (Social Networks and Online Communities)	2.7%

Aquí se presenta la misma información en números y también se muestra los correos rebotados y las bajas (usuarios que ya no quieren recibir tus newsletters)

- Opened (Abiertos)
- Clicked (Clics)
- Bounced (Rebotados)
- Unsuscribed (bajas)

75	29	4	1
Opened	Clicked	Bounced	Unsubscribed

24 Hour Performance: Esta gráfica presenta la actividad de las primeras 24 horas desde que se envió el newsletter.

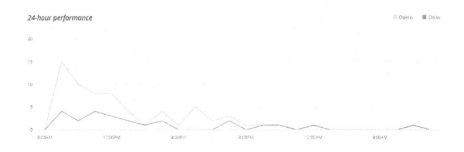

Top links Clicked: Enlaces que han recibido más clics.

Suscribers with most opens – Suscriptores que más veces han abierto el newsletter.

Social Performance - Si has vinculado la campaña a tus redes sociales podrás ver también una estadística del desempeño de tu campaña respecto a las redes sociales.

Top locations by opens – Ubicación desde donde han abierto el newsletter.

Dispara y acierta

Ahora que ya sabes como utilizar mailchimp te explicaré algunas cosas que debes tener muy en cuenta en el momento de crear campañas de email marketing.

Es importante que entiendas que el hecho de poder tener un seguimiento a través de las estadísticas hará que puedas comprobar y comparar los resultados para obtener un mejor rendimiento de tus campañas.

Cada mercado es diferente es por eso que en las campañas de email marketing no hay unas métricas predefinidas. Por esta misma razón no habrá mejor estadística que la de tus propias campañas.

10 cosas que nunca debes hacer

1. **Comprar listas de email**: A pesar de que esto puede ser muy seductor, comprar listas de email no es algo ético ya que la persona que esté recibiendo su correo electrónico nunca ha decidido suscribirse a su lista por voluntad propia. Por otra parte hay que conocer muy bien la fuente de donde proviene esa lista para identificar si realmente cuenta con potenciales clientes.

2. **Centrarse en la cantidad y no en la calidad**: No envíes correos electrónicos demasiado largos. Intenta dar mensajes cortos y efectivos con el objetivo de que el usuario visite tu sitio web.

3. **No cumplir con las expectativas**: Nunca hagas promesas en tus emails que no puedas cumplir o que no sean reales.

4. **No utilices un vocabulario complejo**: Evita escribir con términos muy técnicos a menos que la persona que reciba el newsletter tenga la capacidad de comprenderlo.

5. **No insista en la venta**: En internet no se vende por insistente. El abuso de términos que incentivan a la compra (Como "compre ahora, último día, oferta limitada, etc.") pueden ser detectados por los filtros anti-spam.

6. **No tener frecuencia en el envío:** Es importante que tengas una frecuencia de envío (semanal, mensual, etc.). Tener una frecuencia de envío fomentará la relación con tus suscriptores. Evita hacer más de un envío a la semana.

7. **No abusar de las imágenes:** Habrás podido notar que la mayoría de los clientes de correo (Outlook, Gmail, Hotmail, etc.) bloquean las imágenes. Intenta siempre alternar imágenes con texto.

8. **No ignores nunca los dispositivos móviles**: Siempre busca plantillas que se adapten a dispositivos móviles, ya que hoy día la mayoría de los usuarios de internet reciben sus correos electrónicos en dicho medio. Las campañas realizadas con mailchimp son 100% compatibles con todo tipo de dispotivos.

9. **No tener un seguimiento de la campaña:** La única manera de mejorar tus campañas es tener un seguimiento de las mismas e ir mejorando campaña tras campaña. Presta atención a los reportes con el fin de evaluar y mejorar.

10. **No envíes el día equivocado:** Hay días que no son los ideales para el envío de email ya que el usuario está

menos perceptivo por ejemplo (sábados y domingos) no es aconsejable.

Spam y Palabras Prohibidas

Hay palabras que no son recomendables utilizar ya que pueden ser detectadas por los filtros y convertir tus newsletters de forma automática en SPAM. Lo que significa que los usuarios recibirán tus emails en su carpeta de Correo No Deseado (Spam).

Palabras que implican gratitud:
Gratis, gratuito, regalo, reintegro.
Palabras que implican descuento:
Descuento, precio rebajado, 50% menos, menor precio.
Palabras que inducen a la compra:
Compra ahora, compra ya, comprar online, clic aquí.
Palabras que hacen referencia al lucro del destinatario:
Gane dinero, ganar dinero, dinero extra, aumentar ventas.
Palabras que crean urgencia:
Comprar ya, hazlo ahora, ultimo momento, apúntate ahora, tiempo limitado.

La importancia del asunto

El asunto es uno de los principales factores en una campaña de email marketing. Podríamos decir que es el responsable de la apertura o no de los newsletters que envíes.
Para crear asuntos efectivos ten en cuenta estos puntos:

- Escribe asuntos cortos (no más de 50 caracteres)
- Intenta incluir el nombre del usuario en el asunto, más adelante te explico como hacerlo.
- Genera intriga.
- Realiza una pregunta al usuario.
- No utilices mayúsculas en exceso.

- No utilices excesivos signos de admiración.
- Ofrece una oferta difícil de rechazar.

Personaliza el asunto

Al momento de la creación de la campaña, mailchimp te ofrece la opción de personalizar el asunto a través de la inserción del nombre del suscriptor en el mismo.

Imagina que recibes un email que en el asunto pone:

[Tu nombre] no se lo cuentes a nadie...

Las probabilidades de que el usuario abra este email son muchas ya que el mismo esta dirigido expresamente a el.
Para poder llevar a cabo esto, al momento de configurar la campaña "Setup" añade la etiqueta ***|FNAME|*** delante del asunto.

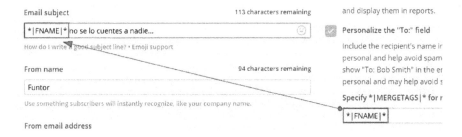

20 ideas para el asunto

1. <nombre> ¿sabes que 30% de.....?
2. <nombre> aquí esta la información que has pedido
3. Atención <nombre>
4. 30 minutos para aumentar tus ventas...
5. <nombre> quería saber como estabas
6. Les escribo para comentarle que....
7. Así pude bajar de peso en 20 días

8. Hay ofertas que son imposibles de rechazar
9. No digas que no te he avisado
10. Creo que esto es lo que estabas buscando
11. Disculpa pero creo que esto puede interesarte
12. Información sobre <tema en concreto>
13. Los secretos que nunca te contaron sobre <tema en concreto>
14. <nombre> No abra este email
15. 3000 personas ya lo tienen

16. Si pagas más es porque has ignorado este email
17. Los trucos que usas los profesionales de <tema> para aumentar sus ventas.
18. Espera! No creerás lo que tenemos para ti
19. ¿Qué piensas de esto <nombre>?
20. <nombre> ¿Aburrido de abrir mails? Mira esto...

Consigue clics

El siguiente paso luego de conseguir la apertura del newsletter por parte de tus suscriptores será conseguir clics que finalmente se conviertan en ventas (conversión).

Si ya tienes el usuario frente a tu email es el momento de conseguir que haga clic en alguno de los enlaces que presentamos en el cuerpo de nuestro newsletter.

Ideas para conseguir clics

El titular: Ten siempre en cuenta comenzar tus emails con un titular (texto) que invite al usuario a continuar leyendo.

¿Cómo aumentar tus ventas en un 150%?

La estrategia que los gurus del marketing online no te explicaron sobre como aumentar las ventas de forma rápida...

[Continuar leyendo]

Al igual que en un periódico el titular es el encargado de invitar al usuario a seguir leyendo el resto del contenido y recuerda siempre que tu objetivo es dirigir el usuario hacia tu sitio web o tienda online.

Añade enlaces en las imágenes: Cada una de las imágenes que haya dentro del cuerpo de tu newsletter deberá tener un enlace. Siempre intenta utilizar imágenes que cuenten con un llamado a la acción (Ver Más, Descargar Ahora, Más Información, Comprar Ahora, etc.).

Selecciona la imagen y haz clic en link para añadir el enlace de destino.

 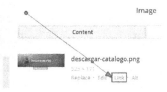

Enlaces dentro del texto: Otra buena opción es añadir enlaces dentro del cuerpo del texto de tus emails. Los usuarios están acostumbrados a este tipo de enlaces.

¿Cómo aumentar tus ventas en un 150%?

La estrategia que los gurus del marketing online no te explicaron sobre como aumentar las ventas de forma rápida. Hay 10 pasos que debes seguir para

Para hacer esto selecciona la porción de texto que quieres enlazar y haz clic sobre el botón enlazar para añadir el link de destino.

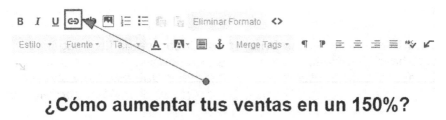

¿Cómo aumentar tus ventas en un 150%?

La estrategia que los gurus del marketing online no te explicaron sobre como aumentar las ventas de forma rápida. Hay 10 pasos que debes seguir para...

Utiliza los botones de mailchimp: Al momento de diseñar tu newsletter puedes utilizar la opción de incorporar botones a tus newsletters.

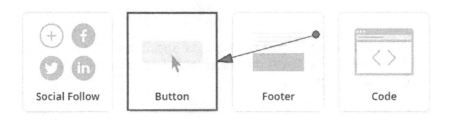

Social Follow   Button   Footer   Code

Selecciona el componente button sobre el lado derecho y arrástralo para añadirlo a tu newsletter. Finalmente configura el enlace de destino.

Invita al clic: Guía al usuario hacia el siguiente paso utiliza expresiones como:

- Clic aquí
- Haz Clic
- Haz Clic para Continuar
- Clic para mas información
- Ver Más
- Más Información
- Más información Aquí
- Clic para ver Ofertas

Repaso General

Espero que tu primera campaña de email marketing ya esté preparada para ser enviada. Utiliza el libro como material de consulta y presta especial atención a las estadísticas de mailchimp.

Recuerda siempre que...

Para crear una campaña primero deberás contar con una lista de suscriptores. Dicha lista puede ser generada a través de formularios de suscripción o importando datos desde un excel u otro sistema.

Si utilizas los formularios de suscripción en tu sitio web recuerda persuadir a los usuarios con el fin de conseguir la suscripción de los mismos. Conseguir suscriptores se ha convertido en una tarea cada vez más compleja ya que los actuales usuarios de internet son más exigentes.

Deja de lado las frases como:

- Suscríbete aquí
- Suscríbete a nuestro boletín de noticias
- Suscríbete a nuestras noticias
- Suscríbete a nuestras ofertas

Por decirlo de alguna manera se trata de comprar al usuario. Ofrece real algo a cambio de la suscripción. Como por ejemplo:

- Cupones de descuento
- Material en PDF
- Libros digitales
- Videos
- Audio libros
- Artículos Relevantes

En cuanto a la creación de campañas recuerda personalizar el asunto de las mismas utilizando la etiqueta ***|FNAME|*** e intenta no repetir los asuntos de tus campañas. Recuerda no utilizar palabras prohibidas!

En lo que refiere al diseño recuerda comenzar siempre tus newsletter con un titular que llame a la atención al usuario e invite a continuar la lectura del mismo. No abuses de imágenes ya que son bloqueadas por los clientes de correo.

Añade varios enlaces dentro del newsletter que inviten al usuario a hacer clic para que visiten tu sitio web y finalmente consigas la conversión (Venta, Membresía, etc.). Utiliza el recurso de los botones.

Intenta seguir una línea de colores respecto a tu sitio web. Si en tu sitio web predomina el verde, al momento de diseñar tu newsletter utiliza ese color.

Recuerda siempre enviar un email de prueba para comprobar que todo funciona correctamente.

Una vez enviada la campaña recuerda comprobar las estadísticas de la misma. Compara las diferentes campañas volcando la información en una planilla y evalúa los siguientes puntos:

- ¿Qué campaña tuvo más aperturas?
- ¿Qué campaña tuvo mayor porcentaje de clics?
- ¿Cuál es el mejor día de la semana para realizar los envíos?
- ¿Cuál es el mejor horario para realizar los envíos?
- ¿Qué enlaces han recibido más clics?

Recuerda que para mejorar tus campañas de email marketing debes trabajar duro y realizar cientos de pruebas.
Espero que este libro haya sido de utilidad y pronto puedas comenzar a sacar partido a tus campañas de email marketing.

¡Gracias!

Sígueme:
Twitter: @nicociana
Email: nico.ciana@insidenet.es